AF402635

PHILOSOPHIE LIBERTAIRE

Jules Lermina

L'A. B. C. DU LIBERTAIRE

PRIX : 10 CENTIMES

PUBLICATIONS PÉRIODIQUES
DE LA
COLONIE COMMUNISTE
D'AIGLEMONT
(ARDENNES

FÉVRIER 1906

N° 1

Au Lecteur,

Les idées libertaires sont peu connues ou faussées à dessein par ceux contre lesquels nous luttons et dont l'égoïste intérêt maintient l'erreur et l'ignorance au prix des pires mensonges.

La série de publications que nous commençons aujourd'hui avec l'aide de camarades qui trouvent tout naturel d'exprimer ce qui leur semble juste et vrai est un complément à l'œuvre que nous avons commencée à Aiglemont.

Nous estimons que la diffusion des principes anarchistes, que le libre examen et la juste critique de ce qui est autour de nous ne peuvent que favoriser le développement intégral de ceux qui nous liront.

Montrer combien l'autorité est irrationnelle et immorale, la combattre sous toutes ses formes, lutter contre les préjugés, faire penser. Permettre aux hommes de s'affranchir d'eux-mêmes d'abord, des autres ensuite ; faire que ceux qui s'ignorent naissent à nouveau, préparer pour tous ce qui est déjà possible pour les quelques-uns que nous sommes, une société harmonieuse d'hommes conscients, prélude d'un monde de liberté et d'amour.

Voilà notre œuvre ; elle sera l'œuvre de tous si tous veulent, animés de l'esprit de vérité et de justice, marcher à la conquête d'un meilleur devenir.

LA COLONIE D'AIGLEMONT.

possibilité du bonheur ! A quel titre se permet-il
de réprouver la lutte féroce des hommes les uns
contre les autres ? Le bien est une utopie, il n'est
de réalité que le mal et le devoir de tout être rai-
sonnable est d'aggraver le mal en livrant tous les
biens terrestres à la concurrence, à la bataille, et
en appelant à son aide la brutalité et la mort.

Non seulement celui qui veut l'humanité heu-
reuse est taxé de folie, mais bien vite on le qua-
lifie de criminel, d'être essentiellement dangereux,
on le poursuit, on le traque et, si l'on peut, on
le tue.

Donc, mon jeune Camarade, commence par t'in-
terroger, demande-toi si tu te sens prêt à subir
toutes les avanies, toutes les persécutions, sans te
décourager et sans reculer.

Sache bien que pour vouloir le bonheur d'autrui,
tu seras traité en ennemi, en paria, tu seras mis
au ban de toutes les civilisations, tu seras chassé
de frontière en frontière jusqu'au moment où des
exaspérés t'abattront comme bête puante.

Si au contraire tu suis les errements ordinaires,
si, t'emparant de toutes les armes matérielles et
immorales que la civilisation a forgées, tu te jettes
résolument dans la vie dite normale, si tu essaies
d'écraser les autres pour te faire un piédestal de
leurs corps, si tu parviens à ruiner, à affamer le
plus d'êtres humains possibles pour te constituer
de leurs dépouilles une fortune opulente, si tu
prends pour objectif glorieux la guerre des hommes contre les hommes, si tu rêves victoire, gloire
et domination, si tu rejettes tout scrupule, tout
enseignement de conscience, si tu pars de ce prin-

cipe : « Chacun pour soi ! » et que tu le développes jusqu'à parfaites conclusions...

Alors tu deviendras riche — en face de la misère des autres — puissant par l'abaissement et l'humiliation de tes congénères, tu jouiras de leurs souffrances et vivras de leur mort, tu collectionneras les titres, les privilèges, tu te chamarreras de décorations et tes complices te feront de splendides funérailles...

Seulement tu seras un égoïste, un méchant, un véritable criminel...

Justement le contraire de ce qu'est et ce que doit-être un libertaire.

*
* *

Car le libertaire est un juste, c'est-à-dire un homme qui est au-dessus et en dehors de la Société, qui ne se paie pas des mots mensongers d'honneur et de vertu, banalités qu'inventèrent les civilisés pour dissimuler leurs tares et leurs vices, qui renie tous les faux enseignements des philosophes menteurs et des théoriciens hypocrites, qui n'accepte aucun compromis, aucun marché, aucune concession, qui en un mot veut la justice, la seule justice, pour lui-même et pour tous, contre tous et contre lui-même.

Défie-toi de toi-même, Camarade. Voici pourquoi.

Tu es venu sur cette terre avec les instincts de l'animalité dont tu procèdes ; tu descends d'êtres brutaux, ignorants, violents et ton atavisme est fait de brutalité.

Chez ceux qui se croient les meilleurs, le fond est mauvais, d'abord parce que l'homme est un animal en voie de perfectionnement, mais non point parfait, mais encore et surtout parce que, dès ta naissance, tu as respiré l'air empoisonné des civilisations, que tes yeux à peine ouverts ont vu le mal, que tes oreilles ont entendu l'injustice et que, malgré toi, et sans que, jusqu'ici, on puisse te déclarer tout à fait responsable, tu es pénétré des vices sociaux, jusqu'au fond de tes moelles.

On ne naît pas, on se fait libertaire.

Ne pas croire que soit facile ce travail de régénération personnelle. On ne s'élève pas à la notion de justice par une sorte d'inspiration miraculeuse, par une révélation d'en haut.

C'est par un effort constant, par une critique perpétuelle de soi-même, par un examen toujours plus attentif des faits ambiants que peu à peu on parvient à se débarrasser de la gangue de préjugés et de mensonges formée par l'alluvion des siècles.

Un jour vient alors où soudain jaillit devant les yeux la lueur directrice.

Remarque bien ceci, Camarade, tu ne seras dans la bonne voie que lorsque tu verras ta conscience. Cherche-la, trouve-la, ne te contente pas d'un à peu près et alors même qu'elle te paraîtra pure et juste, aie le courage de l'étudier toujours de plus près ; et tu constateras qu'il est encore bien des défauts à corriger, bien des fanges à nettoyer.

*
* *

Débarrasse-toi de l'égoïsme.

Certes il est bon de se sentir heureux, il est bon de jouir de la vie.

Mais aie toujours présente à la pensée cette vérité que nul ne peut être complètement heureux tant qu'il existe un seul être malheureux.

C'est là un de ces préceptes qui provoquent les haussements d'épaules des philosophes sociaux ; il semble que le bonheur individuel suffise à satisfaire toutes les aspirations humaines. Meurent les autres, pourvu que je vive.

Le raisonnement est à la fois inique et absurde.

Le malheur des uns constitue toujours un danger et une menace pour les autres ; une situation déséquilibrée est génératrice de réaction et l'être le plus profondément, le plus insolemment égoïste doit compter avec les revanches possibles et les retours offensifs des déshérités.

D'où une perpétuelle inquiétude, une sensation d'instabilité qui gâte la jouissance...

Sans parler du sentiment de compassion — dont on cherche à se défendre par la charité — mais qui subsiste au fond des consciences les plus fermées en apparence aux émotions généreuses.

En réalité, dans l'état social actuel, nul ne peut, en parfaite sincérité, se tenir pour sûr du lendemain ; la lutte quotidienne produit de terribles jeux de bascule et les plus hauts placés sont à la merci des chutes les plus profondes.

Le libertaire veut un état social où l'envie, la jalousie, les pensées de reprise n'aient plus de place, c'est-à-dire où tous, vivant dans la plénitude de leur liberté, dans l'épanouissement total de leurs facultés, dans la satisfaction intégrale de leurs besoins, n'aient plus à se disputer les uns aux autres les moyens de vivre.

Ceci, cher Camarade, est l'antithèse absolue des doctrines autoritaires et religieuses.

L'autorité n'est établie que pour sauvegarder, défendre et perpétuer les inégalités sociales ; la législation propriétaire, l'armée, la police, la magistrature, les codes et les règlements n'ont été instituées que pour cautionner l'état de déséquilibre qui a été imposé aux hommes par la Société, pour enchaîner la liberté des uns au profit de celle des autres, pour éterniser les mesures de spoliation qui ont créé la misère du plus grand nombre.

D'où cette conclusion qué le libertaire, ne s'arrêtant à aucune considération de tradition, entend modifier de fond en comble le système social en détruisant ces bases iniques qui s'appellent l'autorité et la propriété, les autres réformes venant ensuite par surcroît en vertu de conséquences inéluctables.

*
* *

Si tu m'as bien compris, cher Camarade, tu vois déjà poindre la lumière ; tu commences à savoir que ton premier effort, le plus utile de tous, doit être de rejeter tous les dogmes sociaux dont ta mémoire et ta conscience sont encombrés.

Aie d'abord la notion de l'insoumission aux maximes banales, aux préceptes qui n'ont de la vérité que l'apparence menteuse.

Délivre-toi de toute croyance irraisonnée, de toute foi. Quelle que soit l'idée qui est émise devant toi, quelque affirmation péremptoire, quelque impératif catégorique que tu lises dans les livres, ne t'arrête ni à l'autorité de la tradition ni à la prétendue valeur d'un mot ou d'un nom.

Prends le dogme et regarde le de près ; et toujours tu le verras s'amoindrir, s'effriter comme une pelote de neige que pressent les doigts d'un enfant.

Ainsi du dogme de Dieu, encore aujourd'hui le plus vivace. En la majorité, on pourrait presque dire en l'unanimité de ceux qui s'intitulent libres penseurs, cette idée est si profondément imprimée que, se déclarant incrédules à tous les mystères, dédaigneux de tous les rites, opposés à toutes les manifestations religieuses, ils émettent, dès qu'on les presse dans leurs derniers retranchements, cette restriction qu'ils n'admettent rien, mais qu'ils ne nient pas expressément l'existence de Dieu.

Ils ne comprennent pas que cette simple acceptation suffit aux exploiteurs de religions. Car Dieu, c'est l'autorité, c'est la hiérarchie, c'est la nécessité de la prière, c'est le temple, c'est le prêtre.

On ne crée pas un dieu de fantaisie, perdu dans les brumes de l'inconnaissable, pour ne point, très promptement, chercher à le rapprocher de soi. Bien vite, on parlera de sa bonté, de sa justice, et comme tout autour de nous n'est que déséquilibre et injustice, le pas sera vite franchi vers des compensations paradisiaques tenues en réserve par son infinie miséricorde.

Et toujours cette antienne :

Dites tout ce que vous voudrez, l'idée de Dieu est nécessaire.

En effet, elle est nécessaire pour tous ceux qui n'ont pas le courage d'envisager la situation réelle, à savoir que nous sommes le produit d'une évolution cosmique dont le secret jusqu'ici nous échappe, mais qu'en même temps, il est un fait certain, positif, c'est que, dans la mesure de nos forces, la terre nous appartient et que notre devoir est de tirer le meilleur profit possible de l'habitat qui nous a été dévolu, de le transformer, par l'emploi de toutes nos énergies vitales, en un séjour de bien-être et de moindre souffrance possible.

Si tu te places à ce point de vue, le seul digne de ta raison, immédiatement s'éloigne et s'efface l'idée de Dieu.

En quoi un Dieu nous est-il nécessaire pour que nous défrichions la terre, pour que nous développions ses productions, pour que la vie devienne meilleure et plus facile.

Nous sommes en possession d'un appareil qui, en vertu de certaines dispositions constitutives, peut fournir à nos besoins, et au-delà. Nous constatons scientifiquement que rien ne s'obtient sans travail ; nous savons que si l'homme ne fait effort, la terre reste inculte et cruelle à ses fils. Elle les empoisonne par ses méphitismes, elle les écrase sous ses écroulements, elle leur refuse le fruit de son sein qu'il faut violer pour qu'il nous réconforte.

Où intervient Dieu en cela ?

On nous dira qu'il est la force latente Alors, cette force ne s'exerçant, en dehors du travail de l'homme, que pour produire la peste ou la famine, avouez toutefois qu'il n'est aucun motif de la vénérer.

Oui, cette force existe, c'est la poussée vitale.

Nous la constatons, mais en quoi est-il nécessaire de l'adorer, puisque nous avons à la diriger et à l'améliorer. Il nous faut l'étudier en ses effets, en ses causes immédiates et la contraindre à donner le maximum de résultats qu'elle contient en elle-même.

Dieu te sert-il en ce labeur ? En es-tu à croire que des prières amènent la pluie et qu'un quartier de roc s'écarte parce que tu le barres d'un signe de croix ? Tu sais bien que les prétendus miracles sont autant de mensonges et à mesure que l'instruction se répand, à mesure que disparaît la folie du mysticisme, pas un fait ne se produit qui soit contraire aux lois de la gravitation ou des transformations chimiques.

Dieu est-il nécessaire pour que le blé pousse ? Quand nous a-t-il prêté son aide pour détourner un torrent ? Où est sa part dans la construction des chemins de fer, des paquebots ou des appareils télégraphiques ?

Est-ce que, dans les actes quotidiens de la vie, tu éprouves la nécessité de l'existence d'un Dieu ? Tu vis sans lui et en dehors de lui, et n'y songerais jamais si certains n'avaient intérêt à sans cesse te rappeler son nom et à affirmer son existence.

Et ceux-là sont les exploiteurs de tes faiblesses et de tes lâchetés.

Oui, Dieu est nécessaire pour établir le dogme de l'autorité et de la hiérarchie. C'est sur l'idée de son existence qu'est basée toute l'organisation anti-égalitaire de la Société.

L'idée de Dieu est le substratum de toute domination qui, ne pouvant se justifier par aucun autre titre, s'en réfère à une sorte d'investiture céleste.

Pour le roi, pour le chef, pour le possédant, pour l'accapareur, l'idée de Dieu est nécessaire parce que c'est d'elle seule qu'ils tiennent l'apparence d'un droit. Ils ont inventé le maître pour pouvoir s'en déclarer les délégués et opprimer les masses en son nom.

Dieu est nécessaire pour le propriétaire : car s'il n'avait pas inventé cette fiction d'un Dieu répartiteur du sol, il n'aurait pu imaginer cette sinistre fantaisie de l'appropriation perpétuelle, fondée sur la conquête, c'est-à-dire sur le vol. C'est la Force qu'ils ont acclamée Dieu, et toutes leurs énergies se sont concentrées sur la défense de ce mensonge, qu'ils utilisèrent à leur profit.

L'idée de Dieu n'est nécessaire que pour les oppresseurs, pour les envahisseurs, pour les négateurs du droit collectif.

Pour l'inculquer aux masses, on a eu l'infernale habileté de la compliquer de l'idée de compensation. Qui a souffert sur la terre jouira d'un bonheur éternel. Plus vous aurez été malheureux icibas, et plus vous serez heureux dans le ciel.

D'où la résignation, d'où l'abandon par l'homme du bien qui lui appartient, la terre, au profit des brutaux et des aigrefins.

A ceux-là, l'idée de Dieu est nécessaire parce que, grâce à elle, ils ont pu, pendant des siècles, arrêter les revendications du droit humain, parce que les ignorants, les humbles, les faibles ont été courbés sous la violence, et ont baisé la main qui les frappait et les dépouillait, dans l'espoir insensé d'une revanche céleste.

Libère-toi de l'idée de Dieu, et, ne t'hypnotisant plus dans la contemplation du ciel, regarde la terre. C'est là ton outil de bien-être. Tu n'admettras plus que quelques-uns détiennent les biens qui sont à tous, tu n'admettras plus d'être soumis, pour toutes les nécessités de la vie, aux spéculations qui sont des meurtres organisés.

Tu sentiras que la charité qui est faite au nom de Dieu n'est en réalité que la perpétuation de la misère.

Tu sentiras la vérité de cette parole trop tôt proférée pour qu'elle fût bien comprise :

Dieu, c'est le mal.

Car Dieu, c'est la tyrannie sous toutes ses formes, c'est la propriété avec tous ses accaparements, c'est la divinisation de la souffrance, c'est la négation du droit au bien-être, au bonheur, à la jouissance des biens terrestres. C'est la souillure de nos aspirations physiques, de l'amour, de la génération. C'est la déshumanisation de l'humanité.

Et cette idée, qui ne produit que de la souffrance, de la haine, de l'iniquité, serait nécessaire, fatale !

Ceux qui disent cela et se croient de pensée libre sont des pusillanimes qui n'osent point user de leur raison.

Il est au contraire nécessaire que l'idée de Dieu s'efface et disparaisse. Alors seulement, l'homme sera maître de sa force cérébrale tout entière et appliquera son effort à la réalisation du bien-être général, par l'explcitation solidaire du seul domaine qui soit à sa portée, la terre.

L'esprit désobscurci du préjugé religieux, l'homme exercera sa pensée réellement libre, et pour lui, la vie changera de face. Cette liberté reconquise, il en usera dans toutes les circonstances, les préjugés engourdisseurs disparaîtront un à un et la vraie lumière éclatera.

Voyons maintenant le penseur — déjà libéré du mensonge divin — aux prises avec les autres faux axiomes qui n'en sont d'ailleurs que des résultantes.

*
* *

Te voilà au milieu des hommes, tes semblables, et en face de la terre dont, eux et toi, vous devez tirer votre subsistance.

Les hommes sont tes égaux, tu es leur égal.

Ici je te demande un peu d'attention.

Quand tu parles d'égalité, aussitôt on te rabroue, en affirmant que l'égalité est une utopie, que la nature même la dénie, que les hommes viennent sur la terre avec des organismes dissemblables, les uns plus forts, les autres plus débiles ; les uns, très intelligents, les autres, de faible cerveau, et de ces prémisses, on part pour justifier les inégalités sociales, la misère en face de la richesse, le salariat et le capitalisme, l'ignorance et l'éducation supérieure, et par suite, la bataille humaine avec ses égorgements et ses épouvantes.

Et l'égalitaire se trouve pris de court et hésite à répondre.

C'est qu'en ce point, comme dans toutes les discussions sociales, nous nous laissons tromper par une définition fausse, passée à l'état de dogme.

L'égalité existe entre les hommes, au point de départ, c'est-à-dire que tous les hommes viennent sur la terre avec la volonté de vivre, avec des besoins matériels et moraux qui sont égaux en principe : l'homme qui a faim est l'égal de l'homme qui a faim. Les nécessités primordiales de l'existence sont les mêmes, et il y a égalité parfaite et complète dans cette formule indiscutable :

— Tous les hommes, sans exception, ont la volonté et le droit de satisfaire leurs besoins et d'utiliser leurs facultés, physiques et morales.

La mesure individuelle de ces besoins et de ces facultés est accessoire. Le fait mathématique — la volonté et le droit de vivre — est égal pour tous.

En cela et en cela seul consiste vraiment l'égalité, et c'est elle qui doit être respectée par l'exercice— appartenant à tous — de ce droit de vivre.

*
* *

Ici, Camarade, tu trouves sous tes pieds un terrain solide : fils de la nature, tu as — comme tous tes congénères, ni plus ni moins, mais autant qu'eux — le droit de vivre et ce droit nul ne peut t'empêcher — ni empêcher autrui — de l'exercer.

Or d'où peuvent te venir les moyens de vivre, sinon de la terre. Donc la terre est à toi, comme à tous tes semblables. La faculté de l'exploiter et d'en tirer subsistance est inhérente à ton être, et nul n'a droit de la supprimer.

Donc quiconque s'approprie une partie de cet instrument collectif de travail qu'est la terre commet un acte contraire au principe humain, donc la propriété, c'est-à-dire la main-mise de qui que ce soit sur une portion de terre, est un vol commis au préjudice de la collectivité.

Et voici que la propriété — sacro-sainte — t'apparaît avec son véritable caractère d'accaparement et de spoliation, voici que ce dogme intangible se révèle en son évidence de brutalité et de crime antisocial.

La terre est l'instrument de travail — c'est-à-dire de vie — de tous les hommes. Quiconque se l'approprie vole l'humanité, et quand il prétend donner à ce vol la sanction de la perpétuité, il commet un acte à la fois si illogique et si monstrueux qu'on s'étonne à bon droit qu'il ait pu être perpétré.

Mais pour autoriser, pour éterniser cette iniquité, la Société, depuis des siècles, a créé cette autre iniquité, l'autorité, c'est-à-dire l'appel à la force contre le droit, le recours à la violence contre les justes revendications.

En s'appuyant sur l'idée de Dieu, créateur et propriétaire universel, elle a imaginé, par un habile procédé d'escroquerie, la concession faite par cette puissance mystérieuse au profit de quelques-uns de la terre divisée en parcelles, et de cette injustice première, toutes les injustices ont découlé.

Donc, Camarade, nie la propriété du sol comme tu as nié Dieu, comme tu vas nier tout à l'heure toutes les fantaisies criminelles et persécutrices dont la propriété est la source.

*
* *

Par la propriété, la liberté a disparu, depuis le

droit d'aller et de venir arrêté par des murs et des barrières que défendent des gendarmes et des magistrats, jusqu'à la liberté du travail, le propriétaire étant maître de laisser ses terres en friche et de refuser à quiconque la faculté d'en extraire les éléments nécessaires à l'existence.

La propriété n'est pas seulement le vol, elle est le meurtre, car c'est d'elle que procède l'exploitation de l'homme par l'homme, le droit mensonger du possédant à ne concéder le droit au travail qu'à son profit, en échange d'un salaire dérisoire ; elle est la créatrice du prolétariat, la faiseuse de misère, la manifestation atroce et cruelle de l'égoïsme, de l'avidité et du vice, elle est la grande tueuse d'hommes.

La propriété est le meurtre, car c'est en vertu de ce droit prétendu, appuyé uniquement sur la spoliation, sur la conquête et par conséquent sur la force, que des groupes d'hommes se sont déclarés seuls jouisseurs d'une portion plus ou moins vaste du sol, s'en sont prétendus les maîtres absolus, élevant entre leurs territoires respectifs des barrières sous le nom de frontières, et ont créé chez ces groupes, décorés du nom de nations, des sentiments de haine, de rivalité qui se traduisent perpétuellement par les pires violences, assassinats en nombre, incendies, viols et autres manifestations de la bestialité humaine.

C'est le mensonge : car, alors qu'il est inscrit dans les constitutions particularistes que nous subissons que le droit de propriété est sacré et que nul n'en peut être privé, des millions d'hommes sont dépouillés de leur droit à la terre, au profit d'une caste dominatrice et exploiteuse.

La propriété est l'expression de l'égoïsme à sa plus haute puissance : c'est l'usurpation brutale du bien de tous, de la terre qui appartient à la collectivité et sous aucun prétexte légitime ne peut être féodalisée au profit de quelques-uns. C'est d'elle que naissent toutes les injustices, tous les crimes, tous les forfaits dont l'histoire s'ensanglante...

Elle se perpétue par l'héritage qui n'est que la continuation dans le temps d'une première iniquité commise.

*
* *

La propriété a double forme, elle s'impose encore sous le nom de capital, et le capital est comme la propriété le vol, le meutre et l'injustice.

La terre appartenant à l'humanité toute entière, à la collectivité, aussi à l'humanité et à la collectivité appartiennent ses produits.

C'est l'humanité, la collectivité qui mettent en valeur l'instrument terrestre que nous tenons de la nature, et le produit du travail nécessaire, général et collectif, appartient à tous les hommes, sans individualisation possible. Sur les ressources — richesses de toute nature — que fait jaillir du sol le travail humain, tous les hommes ont un droit équivalent, pour la satisfaction aussi complète que possible de leurs besoins matériels et moraux.

*
* *

Tu auras beaucoup entendu parler, mon Camarade, de la prise au tas et de bon bourgeois se seront esclaffés devant cette expression quelque peu vulgaire.

Il faut que le tas — collectif — des richesses produites soit assez considérable pour que tous y trouvent leur part légitime. Or que se passe-t-il aujourd'hui ? Des gens, s'appuyant sur ce droit de propriété et sur la constitution illégitime d'un capital, amassent pour eux — des tas — dans lesquels ils puisent au gré de leurs caprices, tandis que des millions d'hommes sont dénués de tout.

Ils sont entourés d'une horde de parasites qui repoussent, à coups de lois et à coups de fusil, ceux qui, mourant de faim, font mine de toucher à ces provendes monstrueuses.

Ces capitalistes s'arrogent le droit de laisser pourrir des denrées — c'est leur pouvoir absolu — alors que des centaines d'hommes en vivraient ; ils sont les rois, ils sont les maîtres, leur caprice est souverain, ils peuvent, quand ils le veulent, à l'heure choisie par eux, déchaîner la misère et la famine sur la collectivité.

Ce sont des propriétaires qui, de par des coutumes admises appuyées sur la force, décident de la vie ou de la mort des masses prolétariennes.

On a voulu nier que ce fussent les capitalistes et eux seuls qui déchaînent la guerre : quel intérêt eût le peuple allemand à la guerre de 1870 ? La victoire a augmenté ce qu'on appelle les forces industrielles du pays, c'est-à-dire que se sont constitués un plus grand nombre de groupes capitalistes, fondant d'immenses ateliers, des docks, des usines où les matières nécessaires à la vie, pour ne parler que de celles-là, sont l'objet de tripotages commerciaux qui en décuplent le prix et en rendent l'usage impossible aux prolétaires, parce que l'usinier, le grand industriel, loin de travailler pour la collectivité, ne songe qu'à s'enrichir lui-même — lui et ses actionnaires — au détriment des consommateurs, c'est-à-dire de la grande masse.

Ces entreprises, nous dit-on, fournissent du travail à des millions d'ouvriers : c'est réel, seulement ce travail même auquel on est forcé d'avoir recours donne lieu à une rémunération calculée si avarement que l'ouvrier y trouve à peine de quoi ne pas mourir. Que lui importe la prospérité d'un pays qui ne se traduit que par des budgets impériaux ou des bilans de fortunes particulières, alors que lui-même est toujours pauvre, misérable et sacrifié ?

*
* *

Qu'il se révolte, qu'il s'empare des matières premières, des usines, qu'il les emploie au bénéfice de la collectivité, c'est la justice.

Mais la propriété, mais le capital ont de longue date pris leurs précautions.

Donnant au groupement des propriétés le nom de patrie, ils ont su inspirer à la foule une sorte de religieuse passion pour une entité invisible qu'ils abritent sous un symbole ridicule, le drapeau.

Le troupeau humain, bête et sentimental, abruti depuis des siècles par l'idée de providence et de droits acquis, s'est laissé prendre à cette fantasmagorie de mensonges, et il admire les armées, brillantes, bruyantes, violentes, qui ont pour mission de défendre les propriétés et les capitaux des accapareurs contre d'autres accapareurs non moins déshonnêtes qu'eux-mêmes.

On invoque pour justifier l'idée de patrie et l'existence des armées la nécessité de la défense légitime : le raisonnement serait juste si les masses prolétariennes étaient appelées au service militaire pour défendre un bien-être acquis et satisfaisant. Mais en est-il ainsi ? Que telle nation en écrase une autre, le régime propriétaire et capitaliste en sera-t-il modifié, et la collectivité recouvrera-t-elle ses droits confisqués par les individus ?

Point. Victorieuse ou vaincue, toute nation reste soumise au joug de l'exploitation capitaliste, et les arcs de triomphe qu'élèvent les satisfaits ne sont pour la masse que les portes de l'enfer capitaliste.

Seule, la guerre sociale est juste.

Comprends bien, Camarade, je dis sociale — et non civile — parce que la lutte de la justice contre l'iniquité ne se renferme pas dans les limites d'un territoire défini : les exploités du capital — à quelque nation qu'ils appartiennent — sont les adversaires des capitalistes de toutes les nations, sans exception.

La guerre qui a pour but la propriété d'une ville, d'une province, d'un royaume est inique : est juste la guerre qui a pour but l'abolition des privilèges, des exploitations et des spéculations, la reprise de la terre et de ses produits pour la collectivité.

Des alliances peuvent et doivent être conclues entre les exploités de tous les pays — sans souci du nom géographique dont on les affluble — pour jeter bas l'immense et formidable Bastille qui, sous des milliers de formes diverses, symbolise la puissance propriétaire ; la patrie du travailleur est partout où le droit règne, elle n'est pas là où l'iniquité est toute-puissante.

Il ne s'agit plus ici d'un territoire quelconque ; la patrie a une signification plus haute et profondément humaine. Car la patrie de l'homme, c'est la terre toute entière et elle sera digne de ce titre, c'est-à-dire paternelle à tous, quand, à la suite d'efforts dont le succès ne rentre pas, quoi qu'on en ait dit, dans le domaine des utopies, la terre toute entière sera régie par la justice.

*
* *

On te dira encore, Camarade, que tel pays est plus digne que tel autre d'être défendu parce que déjà on y a conquis de vaines libertés politiques qui sont des instruments de progrès, ne te laisse pas troubler par les grands mots.

De par l'organisation propriétaire et capitaliste, les libertés sont employées contre la masse comme outil d'asservissement, et l'habileté des maîtres est telle qu'ils savent défigurer les choses et les mots pour leur attribuer une signification favorable uniquement à leurs intérêts.

Le suffrage universel ! Est-ce que tu peux lui proposer le seul problème dont la solution te touche, la reprise de la propriété et l'abolition du capitalisme ?

Défie-toi de tous ces vocables ronflants : syndicalisme, retraites ouvrières, fixation des heures de travail. En tout cela, il n'y a que des palliatifs, destinés à laisser subsister la grande iniquité sociale.

Syndicats — groupements des ouvriers qui défendent leurs intérêts contre les patrons — pourquoi des patrons ? Pourquoi des parasites ? Un seul syndicat, la collectivité travailleuse par elle-même et pour elle-même.

Les retraites ouvrières ! C'est l'os qu'on jette aux travailleurs pour que, satisfaits de ne plus mourir d'épuisement et de misère, ils acceptent de, pendant toute leur vie, rester à l'état d'esclaves attachés à la glèbe industrielle. Pas de retraites, mais la répartition équitable et légitime de toutes les ressources terrestres entre ceux qui les produisent.

*
* *

Peut-être, Camarade, qui veux travailler au progrès, es-tu surpris de cette franchise. Tu dis que ce qui est acquis est acquis, et que la diminution de souffrance n'est pas à dédaigner.

D'accord, mais n'oublie pas que le libertaire conscient a une mission plus large ; assez d'autres opportunistes, qui ont intérêt à la perpétuation de l'état social actuel, sont tout prêts à servir inconsciemment de complices à la malice des politicailleurs.

Tu dois voir de plus haut et plus loin.

Un exemple : Suppose que les socialistes arrivent à obtenir la journée de huit heures. Quelles batailles ne faudra-t-il pas livrer pour que la question soit posée sur son véritable terrain, c'est-à-dire que, tout en ne travaillant que huit heures, l'ouvrier gagne autant qu'aujourd'hui, en ses dix, douze et quatorze heures de labeur.

Admettons même que le capital, s'arrachant un lambeau de ses bénéfices, consente à ce sacrifice et organise le travail par équipes, augmentant ainsi le nombre des salariés et diminuant, à son grand regret, celui des meurt-de-faim...

Est-ce que pour cela le salariat sera plus légitime, est-ce que plus légitime le bénéfice prélevé par un individu ou une société sur la collectivité des travailleurs, est-ce que plus légitime l'opulence des uns en face de la misère des autres, le gavage en face de la privation ?

Songes-y bien, dût ton salaire se décupler et ta fatigue diminuer dans les mêmes proportions, la situation n'en serait pas moins injuste, parce qu'elle aurait toujours pour base première le privilège des uns et la soumission des autres.

Et toi, libertaire, tu ne peux être que l'homme de la justice. Sinon, tu n'as pas de raison d'être, reste jacobin, radical, socialiste : tu seras un des défenseurs de l'ordre de choses existant et quand tu voudras le critiquer et verser sur les vices de l'humanité des larmes de crocodile, tu seras un hypocrite et un tartufe.

*
* *

La propriété — fondement de l'autorité — a créé tous les vices.

Elle est productrice de paresse, car, sans parler des riches qui s'abstiennent de tout travail et vivent de celui des autres, elle a donné à la masse la haine de l'effort et la volonté de s'y soustraire.

Ne le nie pas, Camarade. Tu ne travailles que parce que tu y es forcé, et tu cherches à tromper ton patron en lui fournissant le moins possible d'huile de bras.

Pourquoi, sinon parce que, sans que tu en aies peut-être la notion positive, tu sens que ton effort profite à un égoïste et à un exploiteur.

Il n'en serait pas de même si tu travaillais pour la collectivité, car tu comprendrais que, de ton effort entier, le bénéfice revient à tous, c'est-à-dire à toi-même.

Que t'importe de bâtir des palais que tu n'habites pas et d'où tes laquais te chassent à coups de trique ! Mais si tu apportais ta pierre aux édifices collectifs devant abriter tous les hommes et toi-même, avec quel amour tu consacrerais ton énergie à leur beauté, à leur spaciosité, à leurs conditions hygiéniques.

Travailler pour l'humanité avec la conscience qu'on fait partie des bénéficiaires de tout travail, c'est la justification et on pourrait dire la purification de l'effort quel qu'il soit ; et avec quelle placidité chacun, sa tâche accomplie, jouirait du bien-être dont il a été l'artisan.

* *
*

La propriété a créé le vol : car elle est génératrice de jalousie, d'envie et de haine, avec volonté de revanche.

Pourquoi celui-ci est-il favorisé plutôt que celui-là ? Pourquoi, parce que le grand-père ou le père de cet enfant ont amassé des capitaux, le nouveau venu se trouvera-t-il délié de l'obligation que la nature impose à tout homme d'arracher à la terre les ressources nécessaire à sa vie ?

Alors celui qui n'a pas rongé son frein s'irrite à voir passer les oisifs qui le narguent ; l'éblouissement que lui met aux yeux l'étincellement des richesses auxquelles il n'a aucune part, se mue en lueurs rouges dans son cerveau, et c'est lui que la Société appelle criminel, lorsqu'elle l'a incité, provoqué, bravé !...

Sous tout crime, quel qu'il soit, il y a, à la base, une crime de la société, et pour qu'elle s'arrogeât le droit de punir, il faudrait tout d'abord qu'elle se châtiat elle-même.

La propriété crée l'assassinat : le grand industriel est un dévoreur d'hommes, et il se soucie de leur vie comme de leurs revendications. Dans les hauts-fourneaux, dans les mines, le bétail humain peine et meurt ; et chaque goutte de sueur qui tombe, chaque goutte de sang qui coule est par lui monnayée et entassée dans ses coffres.

Elle crée l'assassinat : car à qui lui prend sa vie, le sacrifié rêve de lui prendre la sienne. C'est la propriété, c'est le capital qui ont assassiné le malheureux Watrin, c'est l'égoïsme et la férocité capitalistes qui ont chargé les fusils de Fourmies et de Limoges ; et les soldats tueurs ne sont que les exécuteurs des décrets de mort rendus par le capital.

Supprimer la propriété individuelle, c'est régénérer l'humanité, c'est rendre impossibles — parce qu'inutiles — toutes les révoltes dont les manifestations sont qualifiées de crimes : vols et meurtres.

Le jour où, la propriété étant collective, tout sera à tous, pourquoi voler autrui, puisque c'est se voler soi-même ? Pourquoi exercer une reprise individuelle par la violence, meurtre ou assassinat, puisque cette reprise s'exercerait sur son propre bien ?

Pourquoi envier autrui, puisque les ressources individuelles étant à la disposition de tous, il suffira de vouloir pour avoir ?

Et n'oublie pas, Camarade, que ces désirs, ces passions dont l'explosion est au principe de tous les crimes, sont réellement créés, développés, entretenus par l'état de privation qui résulte pour la majorité de l'organisation propriétaire de la Société.

Suppose que tes besoins soient légitimement satisfaits, que tu aies — comme on dit — ton compte, crois-tu que ne diminueraient pas en toi ces appétits, parfois excessifs, que crée la souffrance de la perpétuelle pénurie ?

Celui qui n'a pas faim, qui ne subit pas l'angoisse quotidienne du lendemain, celui qui est entouré, non point de luxe — on y viendrait plus tard — mais du confortable relatif sans lequel la vie est un supplice, celui-là n'est plus un envieux, ni un haineux. Il jouit de la vie et est heureux que les autres en jouissent comme lui.

*
* *

La propriété crée la dépravation ; ceci peut te

paraître étrange, parce que tu n'as peut-être jamais réfléchi que l'amour est gangréné jusqu'au fond par le sentiment propriétaire.

L'orientation générale des idées est faussée à ce point que la Société a inventé tout un code — de lois ou d'usages — en vertu duquel l'être humain n'est plus maître de lui-même, de son corps, de ses désirs.

L'homme, affolé par le virus propriétaire, en est arrivé à ce degré d'erreur qu'il admet le droit de propriété d'un être sur un autre être, de l'homme sur la femme, de la femme sur l'homme ; et la Société défend l'union de ces deux êtres si n'est intervenu un pacte de vente et d'achat, qu'elle appelle contrat de mariage. Et de ceux qui l'ont signé, chacun devient le propriétaire de l'autre, avec interdiction sous peine de prison — et même de mort — contre celui qui prétend rester maître de sa personne, de sa chair, de son cœur.

En dehors même du mariage, l'amant s'affirme le maître de sa maîtresse et la tue si, lasse de lui, elle entend se donner à un autre ; la maîtresse poignarde ou défigure celui qui l'abandonne.

La Société nouvelle, te dira-t-on, sera impuissante contre les crimes passionnels. Non, Camarade. Elle les atténuera, jusqu'au jour où ils disparaîtront tout à fait. Comment ? En proclamant le principe de la liberté dans l'amour comme dans les autres actes de la vie.

C'est l'esprit d'égoïsme, exploité par les religions, qui a souillé les manifestations de l'amour en les entourant d'on ne sait quelle apparence repoussante d'indécence et d'obscénité ; dès que

l'amour ne sera plus classé au nombre des choses
défendues, le prurit malsain que les prohibitions
développent et surexcitent diminuera de lui-même,
et l'amour redeviendra ce qu'il aurait dû toujours
être, l'exercice normal d'une faculté légitime. Les
enfants ne seront plus la propriété des parents —
qui ont déguisé leur tyrannie sous le nom de droit
paternel, maternel, familial, — mais seront les
membres de la collectivité et par conséquent in-
vestis, de par leur naissance même, du droit absolu à la vie, à la richesse, au bien-être universels.

*
* *

Il n'est pas une seule des bases — c'est le mot
consacré — de la Société qui ne soit étayée sur
un tuf d'illusion ou de mensonge.

Ne te dissimule pas qu'à les saper on court
des risques ; les uns, par conservatisme intéressé,
les autres par incompréhension les défendent avec
acharnement, avec brutalité.

Prêtres, soldats, magistrats sont au service de
ces ennemis de la vérité, jusqu'ici tout-puissants.
Demande-toi si tu possèdes l'énergie nécessaire
pour leur tenir tête ; garde-toi cependant de toute
rodomontade. Sois froid, sois calme, sache ce que
tu veux et ce que tu fais. Défie-toi de la fausse
poésie de l'agitation stérile. Sois précis dans tes
desseins et dans tes actes. Que tes résolutions, si
tu en as à prendre quelqu'une, soit le résultat si
net de tes méditations que rien ne t'en puisse détourner ; garde-toi de l'enthousiasme qui n'est le
plus souvent qu'une fièvre.

Libertaire, sois libre de passions, sois l'égal de ta raison.

Travaille pour toi-même en travaillant pour tous.

* *

Je ne te dis pas ce qui sera — car c'est là le secret de l'avenir et nul aujourd'hui ne peut, sans ridicule forfanterie, prévoir la forme des Sociétés futures — mais ce que tu dois être toi-même, pour que le progrès nécessaire se réalise.

En tout temps, en tout lieu, soit le négateur de l'autorité : donc garde-toi bien toi-même d'être autoritaire. Sache vivre avec tes semblables sans désir de domination ; sois d'âme solidaire, communiste, libertaire et prêche d'exemple en toutes les circonstances de la vie.

Etant obligé de vivre dans un milieu où toutes les idées de justice sont bafouées, ou tout au moins tenues pour négligeables, ne perds pas une seule occasion de rappeler ce qui devrait être à la place de ce qui est.

Te connaissant d'esprit moyen, mais de bon vouloir complet, je ne te demande ni l'héroïsme ni le martyre. Débats-toi comme tu le pourras pour vivre ta maigre vie, mais en même temps agis en homme qui sait ce qu'il fait, pourquoi il le fait et qui guette toutes les occasions de se libérer du carcan social, en aidant les autres à s'en libérer avec lui.

Surtout ne croie pas à ta supériorité, répète-toi cent fois le jour que tu n'es qu'un apprenti de l'atelier social et que les progrès se réaliseront non par un individu, mais par le groupe sans cesse plus étendu.

Cherche toute ta vie et ne suppose jamais que tu as trouvé ; ennemi de toute autorité, n'en crée pas une au dedans de toi-même, car celle-là est la plus tyranique et la plus dangereuse.

Ecoute tout, même des plus sots ou des plus criminels, il y a toujours quelque chose à apprendre, ne fut-ce que par le conflit avec la réalité.

*
* *

Je conclus, cher Camarade, en te recommandant de ne pas te laisser aller à considérer ce petit manuel comme un évangile. On est beaucoup trop disposé à attribuer à la lettre imprimée un caractère en quelque sorte sacré.

Je n'ai voulu, en soulevant ces questions, que t'inciter à les étudier : n'est un véritable libertaire que celui qui s'est fait lui-même.

Je t'ai simplement montré l'outil de ta rénovation mentale : tous les dogmes se résument en un seul, c'est qu'il n'y a pas de dogmes.

Et là dessus, Camarade, je te souhaite la conscience bien équilibrée, la santé physique et le bien-être conquis par toi en même temps que celui des autres.

Tout pour et par la justice.

EN VENTE

A la Colonie d'AIGLEMONT (Ardennes)
Au "Libertaire", 15, rue d'Orsel, PARIS-18e

L'A. B. C. du Libertaire, (Jules Lermina). 0 10
    (par la poste). 0 15
    (le 100, franco). . . . . 7 »»
    (les 50, franco). 3 80
    (les 25, franco). 2 25

Cartes postales illustrées de la Colonie d'Aiglemont
1re *série* de 6 cartes. 0 30
    (par la poste). 0 40

Cartes postales illustrées de la Colonie d'Aiglemont
2me *série* de 6 cartes 0 30
    (par la poste). 0 40

POUR PARAITRE

en Mars 1906 :
L'Enseignement (Sébastien Faure).

en Avril :
Communisme (Fortuné Henry).

en Mai :
La Colonie d'Aiglemont (André Mounier).

etc., etc.

Prix annuel de l'ABONNEMENT : 2 francs.

Adresser Lettres et Communications, Demandes de Renseignements à la Colonie l'ESSAI, à Aiglemont (Ardennes).

LE GÉRANT : Fortuné HENRY.

Imprimerie spéciale de la Colonie d'Aiglemont (Ardennes)

www.ingramcontent.com/pod-product-compliance
Ingram Content Group UK Ltd.
Pitfield, Milton Keynes, MK11 3LW, UK
UKHW022358120726
13694UKWH00005B/1956